LAS SUSTANCIAS SECRETAS DE LOS ALIMENTOS

Introducción

Todos sabemos mas o menos que pueden contener los alimentos que consumimos o pretendemos consumir. Cualquiera de nosotros se puede imaginar que una naranja tiene agua, fibra y vitamina C, ¿pero sabes lo que no sabe nadie?, esas sustancias que contienen los alimentos pero que nadie dice o sabe si no investiga.
Este libro pretende poner en conocimiento sobre estas sustancias en los respectivos alimentos mas conocidos y no tan conocidos para poder adquirir un conocimiento extra sobre la alimentación.

Por ejemplo sabias que las castañas son un alimento versátil y nutritivo que contiene mucha fibra, lo que las hace una buena opción para mantener la saciedad y regular el azúcar en la sangre, también son una fuente importante de minerales, como el magnesio, el potasio y el manganeso.

Indice

Aceite de Oliva....................9
Aceitunas.......................9
Acelgas........................10
Aguacate.......................10
Ajo............................10
Alcachofa......................11
Alcaparras.....................13
Almendras......................13
Apio...........................13
Arándano.......................14
Arroz..........................15
Atún...........................15
Avena..........................16
Avellana.......................16

Brócoli........................18
Berro..........................19
Berenjena......................20
Batata.........................21
Boquerón.......................22
Boniato........................24

Cacahuates.....................25
Cacao..........................26
Calabaza.......................27
Cebolla........................28

Coco......................................29
Coliflor..................................30
Calabacín.............................32
Chía.......................................33
Café.......................................34
Castañas..............................35
Caviar...................................36
Chufa....................................37
Ciruela..................................39
Caracoles.............................40
Cerveza................................41

Dátiles..................................42

Espinaca...............................44
Espárragos...........................45
Endivia..................................46
Escarola................................48

Frijol......................................49
Fresa.....................................51

Guisantes.............................52
Granada................................53
Garbanzos............................54
Jengibre................................55

Hígado..................................56
Higos.....................................57

Habas.................................59
Huevo.................................61

Jalea Real.............................62
Jamón.................................64
Judías.................................65

Kiwi...................................67

Limón.................................68
Lechuga...............................70
Leche.................................71
Lentejas...............................73

Mandarina............................74
Mango................................75
Manzana..............................76
Maíz..................................77
Miel..................................78
Melón.................................80
Melocotón.............................81
Mantequilla............................82
Moras.................................83

Ostras................................84

Patata................................85
Pepino................................87
Pera..................................88

Perejil...........................89
Pimiento........................90
Pistachos.......................91
Piña.............................92
Plátano.........................93
Puerros.........................94

Queso...........................96
Quinoa.........................97

Rúcula..........................98
Rábano.........................99
Repollo........................100
Remolacha.....................102

Salmón.........................103
Sardinas.......................104
Soja............................105

Tomate........................106
Trigo...........................108
Trufa..........................109

Uva............................111

Vinagre........................112
Vino...........................114

Yogur..........................115

Zanahoria.............................116

Aceite de oliva: Tiene compuestos fenólicos producidos en el olivo, y estos tienen las propiedades de, disminuir la presión sanguínea, efectos antioxidantes, previene el envejecimiento celular y también la formación de células cancerosas.

Otra sustancia que contiene es la Trioleína (Trioleato de Glicerol), es un trigicelido monoacido, siendo una grasa insaturada Omega 9, muy beneficiosa para la piel, el cabello y ayuda a reducir los niveles de LDL-colesterol o colesterol malo. El aceite de oliva también contiene unos antioxidantes llamados Oleocantal y Oleuropeina con efectos antiinflamatorios.

Cabe destacar las vitaminas E en unos 14 mg de cada 100mg, siendo el 93% del diario recomendado, también destaca la vitamina K con 60 µg por cada 100mg, siendo el 57% diario recomendado.

Aceitunas: Las aceitunas son ricas en sustancias como:, la Oleuropeína, mas abundante en las aceitunas verdes, tiene como propiedad reducir la presión arterial, el Hidroxitirosol, que es la descomposición de la oleuropeina, siendo beneficioso para el corazón, el ácido oleanólico que protege el hígado y regula la grasa en la sangre, la quercetina, mejora la presión arterial y protege el corazón.

Acelgas: Esta es una verdura muy interesante que te aporta una buena cantidad de vitaminas K, E, C, B (B1, B3, B5, B6, B9) y A.

También contiene una gran cantidad de minerales como fósforo, hierro, potasio, sodio, calcio y cobre, así como ácidos grasos omega-3, betacaroteno, flavonoides, ácido fólico, yodo y luteína. También aporta una buena cantidad de fibra soluble y más hierro que las espinacas.

Aguacate: Entre muchas sustancias que contiene el aguacate, destacamos el folato, que ayuda a mantener y producir células nuevas, y la niacina, que es una vitamina B que mejora la piel y el sistema digestivo.

Ajo: El ajo contiene muchos micro-nutrientes, como manganeso, vitamina B6, vitamina C y selenio, y es bajo en calorías. Es rico en antioxidantes como los polifenoles, y el ajo negro (que se transforma del ajo blanco en condiciones constantes de temperatura y humedad) tiene un mayor contenido", señala Martínez Olmos.

Los bulbos de ajo contienen alrededor del 1% del aminoácido azufrado aliina, que se convierte en alicina (o disulfuro de dialilo) cuando se tritura el ajo. La alicina y su derivado son los responsables de este olor tan característico.

Los expertos del COFB explicaron esto y agregaron: "También contiene proteoaminoácidos, varios compuestos de azufre (principalmente disulfuro de alilo), quercetina, fructanos (principalmente inulina), elementos de sustancias minerales (potasio, calcio, manganeso, selenio) y otras vitaminas B, excepto B6. (B1, B2, B3 y B5)

Alcachofa: La alcachofa es un alimento con un sabor único y una amplia gama de beneficios médicos y para la salud. Es rica en vitaminas, minerales y antioxidantes, y es considerada un superalimento por muchos expertos en nutrición.

La alcachofa es una excelente fuente de vitamina C, un nutriente importante para la producción de colágeno y la defensa contra los radicales libres. También es rica en hierro, un mineral esencial para la producción de glóbulos rojos, y en magnesio, que es importante para la salud ósea y la función muscular.

Además, la alcachofa es una fuente de antioxidantes, incluyendo la vitamina E, que ayuda a proteger el cuerpo contra el daño celular y el envejecimiento prematuro. También es una fuente de ácido fólico, que es importante para la salud del sistema nervioso y la formación de sangre.

La alcachofa también es conocida por sus propiedades digestivas y para el hígado. Contiene un compuesto llamado cinarina, que ayuda a estimular la producción de bilis y a regular la digestión.

Alcaparras: Las alcaparras se han utilizado durante miles de años por sus propiedades beneficiosas para la salud. Tienen buenas propiedades nutricionales y son bajos en grasas y calorías. Son ricas en magnesio, vitamina C y ácido fólico. Además, contienen vitaminas E y B3, potasio, sodio, fósforo y calcio.

Almendras: Las almendras son ricas en vitamina E, fibra, magnesio, riboflavina y fósforo. Una porción de 1 onza contiene 13 gramos de grasa no saturada "buena" y 1 gramo de grasa saturada.

Las almendras también proporcionan 6 gramos de proteína de origen vegetal. Las almendras son naturalmente libres de sodio y bajas en azúcar.

Apio: El apio es una hortaliza muy buena para el sistema nervioso ya que ejerce un efecto calmante además de regulador. Es diurético, remineralizante y tiene un 68% de sales alcalinas, por lo que es muy rico en minerales como sodio (96mg), potasio (291mg), calcio (50mg), fósforo (40mg), magnesio (27mg), hierro (0,5mg).

En menor valor azufre, cloro, cobre y manganeso. Y también vitaminas A (retinol) (3 mg en 100 g), B1 (tiamina) (0,03 mg), B2 (riboflavina) (0,04 mg), B3 (niacina) (0,3 mg) y C (ácido ascórbico) (7 mg).
Estos valores se calculan sobre 100 gramos de apio ingeridos

Arándano: Alimentos ricos en antioxidantes, los arándanos son uno de los alimentos con mayor capacidad antioxidante. Poder antioxidante gracias a la combinación de ácidos orgánicos y antocianinas que le confieren su característico color, entre las que destacan la malvatina, la paeoniflorina, las antocianinas o la mitilina. Además de estas propiedades, los arándanos contienen minerales esenciales como taninos y flavonoides, vitaminas B, vitamina C y manganeso.

La mejor manera de comerlos para aprovechar sus propiedades es fresco, aunque también conservan la mayor parte de sus vitaminas y antocianinas cuando están congelados. Por otro lado, los arándanos pierden vitamina C en mermelada o jugo pasteurizado.

Arroz: Como se mencionó anteriormente, el arroz es un grano y pertenece al grupo de los almidones, por lo que su composición nutricional está dominada por los carbohidratos.

El almidón es un carbohidrato complejo con un contenido importante de carbohidratos. Se sabe que es bajo en proteínas y lípidos en comparación con los carbohidratos.

El arroz blanco casi no contiene fibra y tampoco contiene gluten. Entre sus oligoelementos destacan el fósforo y el potasio, ricos en vitaminas B3 y B6.

Atún: En cuanto a los minerales, aporta fósforo, magnesio, hierro y yodo, que son importantes para el sistema nervioso central, los huesos, los dientes, el funcionamiento muscular, el correcto funcionamiento intestinal, el sistema inmunitario y la tiroides, entre otros procesos relacionados.

Avena: La avena es un grano cuyo grano entero tiene un alto contenido en fibra dietética soluble, que incluye beta-glucanos, y aporta proteínas, lípidos, vitaminas, minerales y polifenoles como la avenantramina.

Además, la avena no contiene gluten, por lo que es bien tolerada por la mayoría de las personas con enfermedad celíaca. Principalmente por su contenido en fibra y fitoquímicos, diversos estudios clínicos han evaluado la efectividad del consumo de cereales integrales en la prevención y tratamiento de enfermedades cardiovasculares, diabetes, regulación de la presión arterial, control de peso y salud gastrointestinal, e incluso cáncer.

Avellana: La avellana es un fruto seco que se obtiene de un árbol llamado avellano. Es un alimento popular en todo el mundo y se utiliza tanto en la elaboración de alimentos como en la industria cosmética.

Las avellanas son una fuente

importante de grasas saludables, especialmente de ácidos grasos monoinsaturados. Estos ácidos grasos ayudan a reducir el colesterol y a mejorar la salud cardiovascular. Además, las avellanas son ricas en proteínas de alta calidad y en vitaminas y minerales, como la vitamina E, el magnesio, el hierro y el fósforo.

Las avellanas también contienen antioxidantes, compuestos que protegen las células del daño causado por los radicales libres. Estos antioxidantes pueden ayudar a reducir el riesgo de enfermedades crónicas como la enfermedad cardiovascular, el cáncer y la degeneración cerebral.

Las avellanas son una fuente importante de fibra soluble, que ayuda a reducir el colesterol y a mantener la sensación de saciedad. La fibra soluble también es importante para la salud del tracto digestivo, ya que ayuda a evitar el constipado y a regular el tránsito intestinal.

Brócoli: El brócoli es un alimento rico en nutrientes y con una amplia variedad de propiedades saludables para el cuerpo humano. Esta verdura pertenece a la familia de las crucíferas y es conocida por su alto contenido de vitaminas y minerales.

Entre las sustancias presentes en el brócoli, destacan las vitaminas A, C y K, así como también ácido fólico, calcio y hierro. Además, el brócoli es rico en antioxidantes y compuestos antiinflamatorios, lo que lo hace ideal para prevenir enfermedades crónicas como la diabetes, enfermedades cardiovasculares y ciertos tipos de cáncer.

El brócoli también contiene una gran cantidad de fibra soluble, lo que lo hace eficaz para mantener una buena salud digestiva y reducir los niveles de colesterol en sangre. Además, su bajo contenido de calorías y su alto contenido de nutrientes lo hacen ideal para aquellos que buscan perder peso.

En resumen, el brócoli es un alimento imprescindible en una dieta equilibrada y saludable. Con su amplia variedad de nutrientes y propiedades saludables, es una excelente opción para incluir en una dieta diaria. Además, es versátil y se puede preparar de muchas maneras diferentes para disfrutar de su sabor.

Berro: El berro es una planta acuática que se encuentra en muchos países y es ampliamente utilizada en la cocina por su sabor fresco y afrutado. Además de ser un ingrediente versátil en la cocina, el berro es también una excelente fuente de nutrientes y sustancias beneficiosas para la salud.

El berro contiene una gran cantidad de vitamina C, lo que le da propiedades antioxidantes y fortalece el sistema inmunológico. Además, también es rico en vitaminas B, calcio, hierro, magnesio y ácido fólico.

El berro también es una fuente de antioxidantes naturales, como la vitamina C y polifenoles, que ayudan a proteger el cuerpo contra los dañinos efectos de los radicales libres. Además, contiene ácido azelaico, un compuesto que se ha demostrado que tiene propiedades antiinflamatorias y puede ayudar a prevenir enfermedades crónicas como la diabetes y enfermedades cardiovasculares.

En resumen, el berro es un alimento nutritivo y saludable que ofrece una amplia variedad de propiedades importantes para la salud. Se puede incluir en una dieta equilibrada para obtener los máximos beneficios y descubrimientos.

Berenjena: La berenjena es un vegetal versátil y popular en muchas culturas culinarias, conocido por su sabor suave y textura suave. Además de ser un ingrediente versátil en la cocina, la berenjena es también una excelente fuente de nutrientes y sustancias beneficiosas para la salud.

La berenjena contiene una gran cantidad de fibra soluble, lo que la hace un alimento efectivo para regular el tránsito intestinal y mejorar la salud del corazón. También es rica en antioxidantes, como la la solanina, que ayudan a proteger el cuerpo contra los dañinos efectos de los radicales libres.

Además, la berenjena contiene una gran cantidad de vitamina B1 y B6, que son esenciales para el metabolismo de los carbohidratos y la producción de energía. También es rica en minerales, como el magnesio y el potasio, que son importantes para la salud del corazón y la función muscular.

La berenjena también contiene compuestos antiinflamatorios, como el ácido ascórbico y el ácido alfa-lipoico, que pueden ayudar a reducir el riesgo de enfermedades crónicas como la diabetes y enfermedades cardiovasculares.

Batata: La batata es un tubérculo versátil y popular en muchas culturas culinarias, conocido por su sabor dulce y su textura suave. Además de ser un ingrediente versátil en la cocina, la batata es también una excelente fuente de nutrientes y sustancias descubiertas para la salud.

La batata contiene una gran cantidad

de carbohidratos complejos, lo que la hace una excelente fuente de energía a largo plazo. Además, también es rica en vitaminas, como la vitamina C y la vitamina B6, y minerales, como el hierro y el magnesio.

La batata también es una fuente de antioxidantes, como la vitamina C y los carotenoides, que ayudan a proteger el cuerpo contra los dañinos efectos de los radicales libres.

Contiene compuestos antiinflamatorios, como el ácido ascórbico y el ácido alfa-lipoico, que pueden ayudar a reducir el riesgo de enfermedades crónicas como la diabetes y enfermedades cardiovasculares.

Boquerón: El boquerón es un tipo de pescado que se encuentra comúnmente en el mar Mediterráneo y en el Atlántico Norte. Es un alimento popular en muchos países y es conocido por su sabor a mar y por su textura suave y delicada.

El boquerón es una excelente fuente de proteínas de alta calidad y de grasas saludables. Contiene ácidos grasos Omega-

3, que son importantes para la salud del corazón, la función cerebral y el sistema inmunológico. Además, el boquerón es rico en vitaminas B12 y D, que son esenciales para la producción de glóbulos rojos y la absorción de calcio.

El boquerón también es una fuente de minerales, incluyendo el hierro, el magnesio y el selenio. El hierro es importante para la formación de glóbulos rojos y el transporte de oxígeno en el cuerpo, mientras que el magnesio ayuda a regular el equilibrio de electrolitos y el selenio es un nutriente importante para la función tiroidea.

El boquerón es bajo en grasas saturadas y en colesterol, lo que lo convierte en una excelente opción para aquellos que buscan una dieta saludable y baja en grasas.

Boniato: El boniato es un tubérculo dulce y versátil que se ha cultivado y consumido en muchas partes del mundo durante siglos. Pero, ¿qué sustancias contiene el boniato que lo hacen una buena opción para la salud?

El boniato es rico en carbohidratos complejos, como la fibra, lo que lo hace una buena opción para mantener la saciedad y regular el azúcar en la sangre. Además, también es una fuente importante de vitaminas y minerales, como la vitamina C, el potasio y el magnesio. Estos nutrientes son esenciales para el correcto funcionamiento del cuerpo y pueden ayudar a prevenir ciertas enfermedades.

También es una buena fuente de antioxidantes, como la vitamina A y los carotenoides, que ayudan a proteger el cuerpo de los daños causados por los radicales libres. Estos antioxidantes también pueden tener efectos positivos en la salud a largo plazo, como la prevención de enfermedades oculares y la mejora del sistema inmunológico.

Cacahuates: Los cacahuetes son un alimento popular y versátil que se utiliza comúnmente en una variedad de platos y snacks.

Además de ser una fuente de sabor y textura, los cacahuetes también son una excelente fuente de nutrientes y sustancias importantes para la salud.

Los cacahuetes contienen una gran cantidad de proteínas de alta calidad, lo que los convierte en una excelente opción para aquellos que buscan aumentar su ingesta de proteínas. Además, también son ricos en grasas saludables, como los ácidos grasos monoinsaturados y poliinsaturados, que ayudan a mantener una buena salud del corazón.

Los cacahuetes también contienen antioxidantes, como el resveratrol, que ayudan a proteger el cuerpo contra los dañinos efectos de los radicales libres. Además, son una fuente de vitaminas y minerales importantes, como la vitamina E y el magnesio.

Sin embargo, es importante tener en cuenta que los cacahuetes también son ricos en calorías y grasas, por lo que es importante consumirlos con moderación como parte de una dieta equilibrada.

Cacao: El cacao es una de las principales fuentes de chocolate y un ingrediente versátil en la industria alimentaria.

Además de su sabor dulce y su textura cremosa, el cacao también es una excelente fuente de nutrientes y sustancias importantes para la salud.

El cacao es rico en antioxidantes, como las flavonoides, que ayudan a proteger el cuerpo contra los dañinos efectos de los radicales libres. Además, es una fuente de minerales importantes, como el hierro, el magnesio y el manganeso.

También contiene compuestos que pueden tener un efecto positivo en la salud cardiovascular, como los ácidos grasos poliinsaturados y los flavonoides.

Es una fuente de energía a largo plazo, gracias a sus carbohidratos complejos y sus grasas saludables.

Es importante tener en cuenta que muchos productos de chocolate que contienen cacao también son ricos en azúcares y grasas añadidas, por lo que es importante elegir productos de alta calidad y consumirlos con moderación como parte de una dieta equilibrada.

Calabaza: La calabaza es una fruta de temporada que ofrece una gran cantidad de nutrientes y sustancias que son clave para una vida saludable. Esta fruta contiene antioxidantes, vitaminas y minerales, que juntos brindan una gran cantidad de beneficios saludables. Por ejemplo, la calabaza es una fuente rica de vitamina A, lo que la hace ideal para mantener una buena vista y una piel sana, también contiene vitamina C, un nutriente esencial para mantener un sistema inmunológico fuerte y combatir los resfriados y la gripe.

La calabaza también es una buena fuente de minerales, como hierro, magnesio y potasio. Estos minerales son cruciales para mantener una buena salud ósea y para mantener el equilibrio de los líquidos en el cuerpo, también es una fuente de fibra soluble e insoluble, que ayuda a mantener una digestión saludable y a controlar los niveles de azúcar en la sangre.

Cebolla: La cebolla es un vegetal versátil y comúnmente utilizado en la cocina, pero también es una fuente de numerosos nutrientes y sustancias saludables. Por ejemplo, la cebolla es rica en antioxidantes, especialmente en la forma de quercetina, un compuesto que ayuda a prevenir el daño celular y mejorar la salud cardiovascular.

La cebolla también contiene vitaminas y minerales esenciales para el cuerpo. Por ejemplo, es una fuente de vitamina C, que es importante para un sistema inmunológico fuerte, y de vitamina B6, que es necesaria para el metabolismo de proteínas y carbohidratos, también es una fuente de hierro y manganeso, minerales importantes para mantener una buena salud ósea y para ayudar en el transporte de oxígeno en el cuerpo.

La cebolla es una fuente de fibra soluble e insoluble, que ayuda a mantener una digestión saludable y a controlar los niveles de azúcar en la sangre. Contiene sulfuros, compuestos que se encuentran en la mayoría de los vegetales de la familia de la cebolla y que son conocidos por sus propiedades antiinflamatorias y anticoagulantes.

Coco : El coco es un fruto tropical con una gran cantidad de propiedades nutricionales y sustancias saludables. Por ejemplo, el coco contiene grasas saturadas, pero a diferencia de otras grasas saturadas, las grasas de coco son de tipo medio de cadena, lo que las hace fácilmente digeribles y utilizables como fuente de energía.

Es una fuente de antioxidantes y vitaminas, incluida la vitamina C, importante para un sistema inmunológico fuerte, y la vitamina B1, que es necesaria para el metabolismo de los carbohidratos.

El coco también es una buena fuente de hierro, magnesio y potasio, minerales esenciales para mantener una buena salud ósea y para mantener el equilibrio de los líquidos en el cuerpo.

Otra sustancia importante en el coco es la fibra, tanto soluble como insoluble, que ayuda a mantener una digestión saludable y a controlar los niveles de azúcar en la sangre. Además, el coco contiene compuestos antiinflamatorios, como la laurico-ácido, que pueden ayudar a reducir la inflamación en el cuerpo y a mejorar la salud cardiovascular.

Coliflor: La coliflor es un vegetal de hoja verde con una gran cantidad de propiedades nutricionales y sustancias saludables. Por ejemplo, la coliflor es rica en vitaminas y minerales esenciales, incluidas vitaminas del grupo B, importantes para el metabolismo de los carbohidratos, y vitaminas C y K, importantes para un sistema inmunológico fuerte y para la coagulación de la sangre, respectivamente.

La coliflor es una buena fuente de fibra, tanto soluble como insoluble, que ayuda a mantener una digestión saludable y a controlar los niveles de azúcar en la sangre.

La coliflor también es una fuente de antioxidantes, incluidos los compuestos sulforafano y indol-3-carbinol, que ayudan a prevenir el daño celular y a reducir el riesgo de enfermedades crónicas como el cáncer.

Otra sustancia importante en la coliflor es la glucosinolato, un compuesto sulfurado que se encuentra en los vegetales de la familia de la coliflor y que es conocido por sus propiedades antiinflamatorias y antioxidantes.

Fuente de hierro, magnesio y potasio, minerales importantes para mantener una buena salud ósea y para mantener el equilibrio de los líquidos en el cuerpo.

Calabacín: El calabacín es una hortaliza de verano con una gran cantidad de propiedades nutricionales y sustancias saludables. El calabacín es rico en vitaminas y minerales esenciales, incluidas vitaminas C y B6, importantes para un sistema inmunológico fuerte y para el metabolismo de los carbohidratos, respectivamente.

Además, el calabacín es una buena fuente de fibra, tanto soluble como insoluble, que ayuda a mantener una digestión saludable y a controlar los niveles de azúcar en la sangre.

Es una fuente de antioxidantes, incluidos los carotenoides, como el licopeno, que ayudan a prevenir el daño celular y a reducir el riesgo de enfermedades crónicas como el cáncer.

Otra sustancia importante en el calabacín es la potasio, un mineral importante para mantener una buena salud ósea y para mantener el equilibrio de los líquidos en el cuerpo.

Es una fuente de hierro y magnesio, minerales esenciales para mantener una buena salud ósea y para el funcionamiento adecuado de los músculos y el sistema nervioso cardiovascular y mejorar el flujo sanguíneo.

Chía: La chía es una semilla pequeña y versátil con una gran cantidad de propiedades nutricionales y sustancias saludables. Por ejemplo, la chía es rica en ácidos grasos omega-3, importantes para una buena salud del corazón y para la función cerebral.

La chía también es una buena fuente de fibra, tanto soluble como insoluble, que ayuda a mantener una digestión saludable y a controlar los niveles de azúcar en la sangre.

Además, la chía es una fuente de proteínas, incluidas los aminoácidos esenciales, que son esenciales para el crecimiento y la reparación de los tejidos.

La chía también es rica en minerales esenciales, incluidos el calcio, el hierro y el magnesio, importantes para una buena salud ósea y para el funcionamiento adecuado de los músculos y el sistema nervioso.

Otra sustancia importante en la chía es el ácido alfa-linolénico (ALA), un tipo de ácido graso omega-3 que es esencial para la salud de la piel y para la prevención de enfermedades crónicas como la artritis y la enfermedad de Alzheimer.

También es una buena fuente de antioxidantes, incluidos los compuestos flavonoides, que ayudan a prevenir el daño celular y a reducir el riesgo de enfermedades.

Café: El café es una bebida popular en todo el mundo y es conocido por su capacidad para aumentar la energía y la concentración. Pero ¿qué sustancias contiene el café que le dan estos efectos?

La sustancia más conocida en el café es la cafeína, un estimulante natural que afecta al sistema nervioso central y mejora la alerta y la concentración.

La cafeína también puede aumentar la frecuencia cardíaca y la presión arterial, por lo que es importante controlar su ingesta.

El café también contiene antioxidantes, incluyendo ácido clorogénico y ácido ascórbico. Estos antioxidantes ayudan a proteger el cuerpo de los daños causados por los radicales libres y pueden tener efectos positivos en la salud a largo plazo.

Castañas: Las castañas son un alimento versátil y nutritivo que se han consumido desde hace siglos en muchas partes del mundo.

Pero, ¿qué sustancias contienen las castañas que las hacen una buena opción para la salud?

Las castañas son ricas en carbohidratos complejos, como la fibra, lo que las hace una buena opción para mantener la saciedad y regular el azúcar en la sangre. Además, también contienen proteínas y grasas saludables, lo que las hace una buena opción para los vegetarianos y veganos que buscan fuentes alternativas de proteínas.

Las castañas también son una fuente importante de minerales, como el magnesio, el potasio y el manganeso. Estos minerales son esenciales para el correcto funcionamiento del cuerpo y pueden ayudar a prevenir ciertas enfermedades.

Caviar: El caviar es un alimento delicado y costoso que se obtiene a partir de los huevos de los esturiones, peces que habitan en las aguas frías del mar Caspio y del Mar Báltico.

Aunque es conocido por su sabor distintivo y textura suave, también es rico en nutrientes importantes para la salud.

El caviar contiene proteínas de alta calidad, grasas saludables como ácidos grasos omega-3, vitaminas B12 y D, y minerales como el hierro y el selenio.

Además, también es una fuente de antioxidantes y compuestos antiinflamatorios.

Sin embargo, es importante tener en cuenta que el caviar también es alto en sodio y colesterol, por lo que es recomendable consumirlo con moderación.

Muchos tipos de caviar son procesados y contienen conservantes y otros ingredientes artificiales, por lo que es importante buscar opciones de alta calidad y certificadas por organizaciones de conservación de la vida silvestre.

Chufa: La chufa es un tubérculo subterráneo originario de África que se cultiva en muchas partes del mundo. Es un ingrediente clave en la preparación de la horchata, una bebida refrescante popular en España.

De su uso culinario, la chufa también es conocida por sus propiedades nutricionales y su contenido de sustancias beneficiosas.

La chufa es rica en carbohidratos complejos, fibra, proteínas y grasas saludables. También es una buena fuente de vitaminas, minerales y antioxidantes, incluidas las vitaminas B y E, el hierro, el calcio y el magnesio.

Además, la chufa contiene ácidos grasos esenciales, como el ácido oleico y el linoleico, que pueden ayudar a mejorar la salud cardiovascular y a mantener niveles saludables de colesterol.

Se ha demostrado que la chufa tiene propiedades antiinflamatorias y puede ayudar a regular los niveles de azúcar en la sangre.

Sin embargo, es importante tener en cuenta que la horchata de chufa a menudo se prepara con azúcares y leche, lo que puede aumentar su contenido calórico y disminuir su valor nutricional, por lo tanto, es recomendable elegir opciones de horchata de chufa sin azúcares añadidos y reducir su consumo si se está tratando de controlar el consumo de calorías.

Ciruela: La ciruela es un fruto dulce y jugoso que es una fuente importante de nutrientes esenciales para la salud. Se cultiva en muchas partes del mundo y es un ingrediente popular en muchas recetas de postres y meriendas.

La ciruela contiene carbohidratos complejos, fibra, proteínas y grasas saludables, así como vitaminas, minerales y antioxidantes.

Algunos de los nutrientes importantes que se encuentran en la ciruela incluyen vitamina C, hierro, potasio y magnesio.

La ciruela contiene compuestos como antocianinas y carotenoides, que se han descubierto para tener propiedades antioxidantes y antiinflamatorias. También se ha demostrado que la ciruela puede ayudar a mejorar la salud cardiovascular y a regular los niveles de azúcar en la sangre.

Sin embargo, es importante tener en cuenta que la ciruela seca a menudo se enriquece con azúcares y se cubre con jarabes, lo que puede aumentar su contenido calórico y disminuir su valor nutricional, por lo tanto, es recomendable elegir opciones de ciruela fresca y reducir su consumo si se está tratando de controlar el consumo de calorías.

Caracoles: Los caracoles son un tipo de molusco que se come en muchas partes del mundo.

Aunque no son una comida común en algunos países, en otros son un alimento tradicional y popular.

Los caracoles se pueden consumir frescos o en conserva y son una fuente importante de nutrientes esenciales.

Los caracoles son ricos en proteínas y contienen pequeñas cantidades de grasas y carbohidratos.

También son una buena fuente de hierro, calcio y vitaminas B. Además, los caracoles contienen compuestos antioxidantes que se han descubierto para tener propiedades antiinflamatorias y beneficiosas para mejorar la salud cardiovascular.

Sin embargo, es importante tener en cuenta que los caracoles pueden ser una fuente potencial de bacterias y parásitos que pueden ser perjudiciales para la salud humana si no se cocinan adecuadamente. Por lo tanto, es importante seguir los procedimientos de cocción adecuados y comprar caracoles frescos o en conserva de proveedores confiables.

Cerveza: La cerveza es una bebida fermentada que se ha producido y consumido desde hace miles de años. Es una de las bebidas alcohólicas más populares en todo el mundo y se puede encontrar en una amplia variedad de sabores y estilos.

Aunque la cerveza se asocia a menudo con la borrachera y el exceso de alcohol, también puede ser una fuente de nutrientes esenciales.

La cerveza contiene carbohidratos, proteínas y antioxidantes, así como vitaminas del grupo B y minerales, como hierro y magnesio. Además, la cerveza contiene compuestos como polifenoles y flavonoides que se han descubierto para tener propiedades antiinflamatorias y descubiertas para mejorar la salud cardiovascular.

Sin embargo, es importante tener en cuenta que la cerveza también contiene alcohol, lo que puede tener efectos negativos en la salud si se consume en exceso.

El alcohol puede aumentar el riesgo de enfermedades hepáticas, trastornos neurológicos y trastornos del sueño, entre otros problemas de salud.

Dátiles: Los dátiles son una fruta dulce y jugosa que se ha cultivado y consumido desde hace miles de años. Son originarios de la región de Medio Oriente y se cultivan en muchas partes del mundo, incluyendo Asia, África y América del Norte.

Los dátiles son un ingrediente versátil que se pueden usar en una amplia variedad de platos y postres, y también se pueden comer solos como una golosina dulce.

Además de ser deliciosos, los dátiles también son una fuente de nutrientes esenciales para la salud.

Son ricos en vitaminas y minerales,

incluyendo vitamina C, hierro y calcio. Además, los dátiles contienen compuestos antioxidantes, como polifenoles y flavonoides, que se han descubierto para tener propiedades antiinflamatorias y descubiertas para mejorar la salud cardiovascular.

Los dátiles también son ricos en fibra soluble, lo que los hace una opción saludable para controlar el apetito y mantener una digestión saludable. Sin embargo, es importante tener en cuenta que los dátiles también son muy dulces y contienen una gran cantidad de azúcares naturales, por lo que es importante consumirlos con moderación y no excederse en su consumo.

En resumen, los dátiles son una fruta dulce y versátil que son una fuente de nutrientes esenciales y compuestos descubiertos para mejorar la salud. Sin embargo, es importante tener en cuenta su contenido de azúcares naturales y consumirlos con moderación para evitar problemas de salud relacionados con el consumo excesivo de azúcares.

Espinaca: Las espinacas son una hoja verde populares que se cultivan en todo el mundo y se han utilizado como alimento desde hace miles de años.

Son un ingrediente versátil que se puede cocinar de muchas maneras diferentes, desde ensaladas hasta sopas y guisos. Las espinacas también se pueden consumir crudas o cocidas.

Además de ser deliciosas, las espinacas son una fuente de nutrientes esenciales para la salud. Son ricas en vitaminas y minerales, incluyendo vitamina K, hierro y calcio.

Las espinacas contienen antioxidantes, como carotenoides y flavonoides, que se han descubierto para tener propiedades antiinflamatorias y descubiertas para mejorar la salud cardiovascular.

Las espinacas también son ricas en fibra soluble, lo que las hace una opción saludable para controlar el apetito y mantener una digestión saludable. Sin embargo, es importante tener en cuenta que las espinacas también contienen ácido oxálico, que puede ser perjudicial para personas con enfermedades renales o enfermedades que afecten el sistema nervioso.

Espárragos: Los espárragos son un vegetal conocido por su sabor distintivo y su textura tierna y crujiente. Son un ingrediente versátil en la cocina, y se pueden preparar de muchas maneras diferentes, desde ensaladas hasta platos principales.

Además de su sabor, los espárragos son una fuente importante de nutrientes para la salud. Contienen vitaminas y minerales importantes, incluyendo vitamina C, vitamina K y hierro.

Los espárragos también contienen antioxidantes, como carotenoides y flavonoides, que se han descubierto para tener propiedades antiinflamatorias y para mejorar la salud cardiovascular.

Los espárragos también son ricos en fibra soluble, lo que los hace una opción saludable para controlar el apetito y mantener una digestión saludable.

Además, los espárragos son bajos en calorías y grasas, lo que los hace una excelente opción para aquellos que buscan controlar su peso.

Es importante tener en cuenta que los espárragos contienen ácido fítico, que puede afectar la absorción de ciertos minerales. Por lo tanto, se recomienda consumir espárragos con una fuente adecuada de hierro y calcio.

Endivia: La endivia es una verdura rica en nutrientes y con un sabor amargo característico.

Esta verdura es una excelente fuente de vitaminas y minerales esenciales para mantener una dieta equilibrada y saludable.

La endivia contiene una gran cantidad de vitamina C, lo que la convierte en un alimento ideal para fortalecer el sistema inmunológico y combatir infecciones.

Además, es rica en vitaminas del grupo B, como la tiamina, la niacina y la folato, que son necesarias para mantener una buena salud mental y física.

La endivia también es una buena fuente de minerales como el hierro, el calcio y el magnesio, que son esenciales para mantener una salud ósea y muscular adecuada. Además, contiene fibra, que ayuda a regular el tránsito intestinal y a mantener una buena digestión.

En cuanto a antioxidantes, la endivia es una excelente fuente de antioxidantes como el ácido ascórbico y el ácido fólico, que ayudan a proteger el cuerpo de los dañinos efectos de los radicales libres y a prevenir enfermedades crónicas.

Escarola: La escarola es una verdura de hoja verde que se ha cultivado y consumido en muchas partes del mundo durante siglos. Pero, ¿qué sustancias contiene la escarola que la hacen una buena opción para la salud?

La escarola es una verdura baja en calorías y rica en nutrientes, incluyendo vitaminas y minerales esenciales para el correcto funcionamiento del cuerpo. Por ejemplo, la escarola es una fuente importante de vitamina K, vitamina A y vitamina C. Estas vitaminas son importantes para la salud ósea, la salud ocular y el sistema inmunológico, respectivamente.

Además, la escarola es una buena fuente de antioxidantes, como los carotenoides y los flavonoides, que ayudan a proteger el cuerpo de los daños causados por los radicales libres. Estos antioxidantes también pueden tener efectos positivos en la salud a largo plazo, como la prevención de enfermedades cardiovasculares y el cáncer.

Es rica en fibra, lo que la hace una buena opción para mantener la saciedad y regular el azúcar en la sangre. Además, también es una buena fuente de calcio, que es esencial para la salud ósea y la prevención de la osteoporosis.

Es importante tener en cuenta que la escarola puede contener compuestos que pueden ser perjudiciales para la salud en grandes cantidades. Por ejemplo, la escarola puede contener ácido fítico, que puede ser perjudicial para la absorción de ciertos minerales.

Frijol: El frijol es un alimento básico en muchas dietas en todo el mundo debido a sus propiedades nutricionales. Además de ser una fuente de proteínas de alta calidad, también es rico en carbohidratos complejos, vitaminas y minerales esenciales.

Uno de los nutrientes más importantes encontrados en los frijoles es la proteína. Son una excelente fuente de proteínas vegetales y contienen todos los aminoácidos esenciales que nuestro cuerpo necesita para funcionar correctamente. Esto los convierte en un alimento ideal para las personas que siguen una dieta vegetariana o vegana.

Los frijoles también son ricos en carbohidratos complejos, que proporcionan una fuente de energía constante y duradera. Además, son una excelente fuente de vitaminas del grupo B, como la niacina, la tiamina y la folato, que son esenciales para una buena salud mental y física.

Además, los frijoles contienen minerales esenciales como hierro, magnesio y calcio, que son importantes para una salud ósea y muscular adecuada. También son ricos en fibra, lo que ayuda a regular el tránsito intestinal y a mantener una buena digestión.

En resumen, los frijoles son un alimento nutricionalmente completo y versátil que ofrece una gran cantidad de nutrientes esenciales para mantener una dieta equilibrada. Se pueden incluir en una variedad de platos, desde ensaladas hasta sopas y guisos, y son una excelente manera de añadir proteínas y nutrientes a cualquier dieta. ¡Inclúyelos en tu dieta para disfrutar de sus descubrimientos nutricionales!

Fresa: Las fresas son una fruta deliciosa y nutritiva que están disponibles en todo el mundo. Son una fuente rica de vitaminas, minerales y antioxidantes, lo que las convierte en una excelente adición a cualquier dieta saludable.

Las fresas son una excelente fuente de vitamina C, que es esencial para fortalecer el sistema inmunológico y combatir infecciones. Además, contienen vitaminas del grupo B, como la tiamina, la niacina y la folato, que son esenciales para una buena salud mental y física.

Son ricas en minerales como el hierro, el calcio y el magnesio, que son importantes para una salud ósea y muscular adecuada. Además, son una buena fuente de fibra, lo que ayuda a regular el tránsito intestinal y a mantener una buena digestión.

Además, las fresas contienen antioxidantes como la vitamina C y los flavonoides, que ayudan a proteger el cuerpo de los dañinos efectos de los radicales libres y a prevenir enfermedades crónicas.

Guisantes: Los guisantes son una legumbre versátil y nutritiva que se pueden encontrar en muchos platos en todo el mundo.

Están llenos de vitaminas, minerales y otros nutrientes importantes que son esenciales para una dieta equilibrada.

Los guisantes son una excelente fuente de proteínas, que son esenciales para la construcción y reparación de los músculos y tejidos del cuerpo. Contienen una gran cantidad de vitaminas del grupo B, incluyendo la tiamina, la niacina y la vitamina B6, que son esenciales para una buena salud mental y física.

Son ricos en minerales como el hierro, el calcio y el magnesio, que son importantes para una salud ósea y muscular adecuada. También contienen fibra, que ayuda a regular el tránsito intestinal y a mantener una buena digestión.

Los guisantes también contienen antioxidantes, como la vitamina C y los flavonoides, que ayudan a proteger el cuerpo de los dañinos efectos de los radicales libres y a prevenir enfermedades crónicas.

Granada: La granada es una fruta exótica y deliciosa que es rica en nutrientes y antioxidantes. Es una excelente adición a cualquier dieta saludable debido a sus muchos beneficios nutricionales.

La granada es una excelente fuente de vitamina C, que es esencial para fortalecer el sistema inmunológico y combatir infecciones. Además, contiene vitaminas del grupo B, como la tiamina, la niacina y la folato, que son importantes para una buena salud mental y física.

Es rica en minerales como el hierro, el calcio y el magnesio, que son importantes para una salud ósea y muscular adecuada. También contiene fibra, lo que ayuda a regular el tránsito intestinal y a mantener una buena digestión.

También es una fuente rica de antioxidantes, incluyendo la vitamina C y los flavonoides, que ayudan a proteger el cuerpo de los dañinos efectos de los radicales libres y a prevenir enfermedades crónicas.

Garbanzos: Los garbanzos son una legumbre versátil y nutritiva que se han utilizado en la cocina de todo el mundo durante siglos. Están llenos de vitaminas, minerales y otros nutrientes importantes que son esenciales para una dieta equilibrada.

Los garbanzos son una excelente fuente de proteínas, que son esenciales para la construcción y reparación de los músculos y tejidos del cuerpo. Además, contienen una gran cantidad de vitaminas del grupo B, incluyendo la tiamina, la niacina y la vitamina B6, que son esenciales para una buena salud mental y física.

Son ricos en minerales como el hierro, el calcio y el magnesio, que son importantes para una salud ósea y muscular adecuada.

También contienen fibra, que ayuda a regular el tránsito intestinal y a mantener una buena digestión.

También son una fuente de antioxidantes, como la vitamina C y los flavonoides, que ayudan a proteger el cuerpo de los dañinos efectos de los radicales libres y a prevenir enfermedades crónicas.

Jengibre: El jengibre es una raíz aromática y picante que se ha utilizado en la medicina tradicional y en la cocina de todo el mundo durante siglos.

Es una de las especies más versátiles y nutritivas que existen, y está llena de compuestos importantes que son esenciales para una dieta equilibrada.

El jengibre es una excelente fuente de compuestos antiinflamatorios, como los gingeroles y el shogaol, que ayudan a reducir la inflamación en el cuerpo y a prevenir enfermedades crónicas.

Contiene vitaminas y minerales

importantes, como la vitamina B6, el hierro y el magnesio, que son esenciales para una buena salud física y mental.

El jengibre también es conocido por sus propiedades digestivas y calmantes, y se ha utilizado tradicionalmente para tratar problemas estomacales como el dolor de estómago, la hinchazón y las náuseas. También se ha demostrado que ayuda a mejorar la circulación sanguínea y a reducir el riesgo de enfermedades cardíacas.

Hígado: El hígado es un órgano vital en el cuerpo humano que tiene un papel importante en la digestión, la regulación de los niveles de nutrientes y la eliminación de toxinas.

Además de ser una fuente rica en proteínas, el hígado también contiene una gran cantidad de nutrientes esenciales que son vitales para una buena salud.

El hígado es una fuente rica en hierro,

lo que lo convierte en un alimento importante para prevenir la anemia y mejorar la producción de glóbulos rojos.

También es una excelente fuente de vitamina A, que es necesaria para mantener la salud ocular y la piel, y de vitamina B12, que es importante para el funcionamiento adecuado del sistema nervioso.

El hígado contiene una gran cantidad de ácidos grasos esenciales, como el ácido linoleico y el ácido alpha-linolénico, que son esenciales para mantener una buena salud cardiovascular. Es una buena fuente de cobre, un mineral que ayuda a mantener un sistema inmunológico saludable y a prevenir la anemia.

Higos: Los higos son una fruta dulce y tierna que ha sido apreciada por su sabor y sus propiedades nutricionales durante miles de años.

Esta fruta es una fuente rica en nutrientes esenciales que son necesarios para mantener una buena salud y prevenir enfermedades crónicas.

Los higos son una excelente fuente de fibra dietética, lo que los convierte en un alimento ideal para regular el tránsito intestinal y mejorar la digestión.

Son ricos en vitaminas y minerales, como la vitamina C, el calcio y el hierro.

La vitamina C es importante para mantener un sistema inmunológico saludable y prevenir enfermedades, mientras que el calcio es necesario para fortalecer los huesos y el hierro es importante para prevenir la anemia.

Los higos también contienen antioxidantes, como el ácido elágico y la vitamina A, que ayudan a proteger las células del cuerpo contra el daño causado por los radicales libres. Además, tienen un alto contenido de potasio, un mineral que ayuda a regular la presión arterial y a mantener un corazón saludable.

En conclusión, los higos son una fruta rica en nutrientes esenciales que deben formar parte de una dieta equilibrada. Además de ser una opción saludable y deliciosa para saciar el antojo de dulces, los higos también pueden ayudar a prevenir enfermedades y mejorar la salud en general.

Habas: Las habas son un alimento básico en muchas culturas y cuentan con una amplia variedad de propiedades nutricionales.

Estas legumbres son ricas en proteínas, fibra, vitaminas y minerales esenciales para una dieta saludable.

Son una excelente fuente de proteínas vegetales, lo que las convierte en una opción ideal para aquellos que siguen una dieta vegetariana o vegana.

Contienen una gran cantidad de fibra soluble e insoluble, que es importante para regular el tránsito intestinal y mantener una buena digestión.

Las habas también son ricas en vitaminas y minerales, como el hierro, el calcio y la vitamina B6. El hierro es importante para prevenir la anemia y mantener un sistema inmunológico saludable, mientras que el calcio es necesario para fortalecer los huesos.

La vitamina B6 es importante para el correcto funcionamiento del sistema nervioso y para la producción de glóbulos rojos.

Son una buena fuente de antioxidantes, como los flavonoides y los ácidos fenólicos, que ayudan a proteger las células del cuerpo contra el daño causado por los radicales libres. Estos compuestos también pueden ayudar a prevenir enfermedades crónicas, como enfermedades cardiovasculares y ciertos tipos de cáncer.

Huevo: El huevo es un alimento versátil y nutritivo que se ha utilizado como parte de la dieta humana desde hace miles de años.

A pesar de su pequeño tamaño, los huevos contienen una gran cantidad de nutrientes esenciales para la salud.

Un huevo mediano contiene aproximadamente 6 gramos de proteínas de alta calidad, que son esenciales para el crecimiento y reparación de los tejidos del cuerpo. Los huevos contienen vitaminas A, D, E y B12, que son importantes para la salud ocular, el sistema inmunológico y la producción de glóbulos rojos.

Los huevos también son una buena fuente de minerales esenciales, como el hierro, el calcio y el fósforo. El hierro es importante para prevenir la anemia y mantener un sistema inmunológico saludable, mientras que el calcio es necesario para fortalecer los huesos. El fósforo es importante para el crecimiento y mantenimiento de los tejidos y los huesos.

Contienen ácidos grasos omega-3 y ácido linoleico, que son importantes para mantener una salud cardiovascular y cerebral. También contienen antioxidantes, como la luteína y la zeaxantina, que ayudan a proteger las células del cuerpo contra el daño causado por los radicales libres.

Jalea Real: La jalea real es una secreción producida por las abejas obreras y se utiliza para alimentar a las larvas y al rey de la colonia.

La jalea real es un suplemento natural que ha sido utilizado por siglos para mejorar la salud y la longevidad.

La jalea real contiene una gran cantidad de nutrientes esenciales para la salud, incluyendo proteínas, vitaminas y minerales.

Contiene enzimas y aminoácidos importantes para el crecimiento y la reparación celular.

La jalea real también es rica en antioxidantes, lo que ayuda a proteger el cuerpo contra el daño celular.

Además de ser una fuente de nutrientes, la jalea real también tiene propiedades antiinflamatorias y antibacterianas que pueden ayudar a reducir el riesgo de enfermedades crónicas y a mejorar la salud general.

La jalea real también se ha demostrado que mejora el sistema inmunológico y ayuda a equilibrar los niveles de hormonas en el cuerpo.

La jalea real se ha utilizado para tratar afecciones como el insomnio, la fatiga, la ansiedad y la depresión, también se ha demostrado que puede ayudar a mejorar la memoria y la concentración.

Es importante tener en cuenta que la jalea real es un producto natural y puede variar en su contenido nutricional dependiendo de la calidad y la fuente. Por lo tanto, es importante comprar jalea real de una fuente confiable y de calidad.

Jamón: El jamón es un producto alimentario hecho a partir de carne de cerdo y se ha consumido en todo el mundo durante siglos.

Hay muchos tipos diferentes de jamón, cada uno con su propio sabor y textura, dependiendo de la forma en que se produce y se cura.

El jamón contiene proteínas de alta calidad y es una buena fuente de nutrientes esenciales, incluyendo hierro, selenio, fósforo y vitaminas B1 y B12. También es rico en grasas saturadas y colesterol, por lo que debe consumirse con moderación.

El proceso de curado del jamón también puede afectar su contenido nutricional. Por ejemplo, el jamón curado con sal puede contener más sodio que el jamón curado sin sal. Es importante leer las etiquetas nutricionales antes de comprar jamón para conocer su contenido exacto.

Además de ser una fuente de proteínas y nutrientes, el jamón también contiene compuestos que pueden tener efectos positivos en la salud. Por ejemplo, se ha demostrado que el jamón curado con pimienta negra puede ayudar a disminuir el riesgo de enfermedades cardiovasculares y mejorar la función cerebral.

Sin embargo, es importante tener en cuenta que el jamón es un alimento altamente procesado y puede contener conservantes y aditivos artificiales. Por lo tanto, es mejor elegir jamones naturales y curados sin conservantes adicionales.

Judías: Las judías son un alimento básico en muchas dietas alrededor del mundo. Son una excelente fuente de proteínas, vitaminas y minerales esenciales para la salud.

Entre los nutrientes que contienen las judías destacan la vitamina C, la vitamina B6, el hierro y el magnesio. También son ricas en antioxidantes y fibra, lo que ayuda a mejorar la digestión y a mantener el sistema cardiovascular saludable.

Las judías tienen un bajo contenido de grasas y calorías, lo que las convierte en una opción saludable para aquellos que quieren controlar su peso.

Son una excelente opción para aquellos que siguen una dieta vegetariana o vegana, ya que proporcionan una fuente de proteínas completas.

Las judías también son una fuente importante de proteínas de alta calidad, que son esenciales para la reparación y el crecimiento de los músculos y tejidos del cuerpo.

Los compuestos antioxidantes presentes en las judías pueden ayudar a prevenir enfermedades crónicas, como enfermedades cardiovasculares y cáncer.

En cuanto a su sabor, las judías son versátiles y se pueden cocinar de muchas maneras diferentes, desde ensaladas hasta guisos y platos vegetarianos.

Son un ingrediente básico en muchas comidas de todo el mundo y una excelente adición a cualquier dieta equilibrada.

Kiwi: El kiwi es una fruta pequeña y ovalada con una piel gruesa y fibrosa y una pulpa suave y dulce.

Es conocido por su sabor único y su textura distintiva, pero también es una fuente importante de nutrientes esenciales para la salud.

El kiwi es una excelente fuente de vitamina C, que es esencial para la salud de la piel y el sistema inmunológico. También contiene vitaminas del grupo B, como la vitamina B6 y la vitamina E, así como minerales como el hierro, el calcio y el magnesio.

Es rico en antioxidantes, como la vitamina C y la vitamina E, que ayudan a proteger el cuerpo de los daños causados por los radicales libres. También es una buena fuente de fibra, lo que ayuda a mantener una digestión saludable y a controlar el apetito.

El kiwi también contiene compuestos antiinflamatorios, como la actinida, que pueden ayudar a prevenir enfermedades crónicas, como la enfermedad cardíaca y el cáncer.

Se ha demostrado que el kiwi es eficaz en mejorar la salud del sueño, ya que contiene serotonina, un compuesto que ayuda a regulación del sueño.

En cuanto a su sabor, el kiwi es una fruta dulce y tropical con un toque de acidez, y se puede disfrutar como postre o como ingrediente en ensaladas y batidos. También se puede congelar para disfrutarlo en invierno.

Limón: El limón es una fruta cítrica con un sabor fuerte y ácido que ha sido utilizada en la medicina y la cocina durante siglos.

A pesar de su sabor ácido, el limón es una fuente importante de nutrientes y compuestos saludables para el cuerpo humano.

Fuente rica de vitamina C, que es

esencial para la salud del sistema inmunológico y la piel. También contiene compuestos antioxidantes, como la vitamina C y los flavonoides, que ayudan a proteger el cuerpo de los daños causados por los radicales libres.

El limón también es una buena fuente de potasio, un mineral importante para la salud cardiovascular y el control de la presión arterial. Además, contiene ácido cítrico, un compuesto que puede ayudar a alcalinizar el pH del cuerpo y a prevenir enfermedades crónicas.

En cuanto a su sabor, el limón se puede utilizar en una gran variedad de platos, desde bebidas hasta ensaladas y guisos. También es un ingrediente popular en la cocina de muchos países, y se utiliza para dar un toque de sabor ácido a los platos.

Es un ingrediente clave en la medicina natural, ya que se ha demostrado que tiene propiedades antibacterianas, antivirales y antiinflamatorias. Se puede utilizar para tratar dolencias como el dolor de garganta y la indigestión, y también se ha demostrado que ayuda a mejorar la digestión y a mantener un pH saludable en el cuerpo.

Lechuga: La lechuga es una hortaliza común en la alimentación humana y es rica en nutrientes esenciales para el cuerpo.

Contiene una gran cantidad de agua y es baja en calorías, lo que la hace ideal para aquellos que buscan una dieta saludable y equilibrada.

La lechuga es una excelente fuente de vitaminas A y C, que son importantes para la salud ocular y para mantener un sistema inmunológico fuerte.

Contiene pequeñas cantidades de vitaminas del grupo B y minerales como el hierro y el calcio.

La lechuga también es rica en antioxidantes, que ayudan a proteger las células del daño celular y a prevenir enfermedades. Contiene ácido fólico, que es esencial para la formación de glóbulos rojos y para una buena salud del sistema nervioso.

Es baja en sodio y grasas saturadas, lo que la hace ideal para aquellos con problemas de hipertensión y colesterol.

Es una buena opción para aquellos que desean controlar su peso, ya que es baja en calorías y alto en fibra, lo que ayuda a mantener una sensación de saciedad.

Leche: La leche es una bebida líquida que se obtiene de las glándulas mamarias de los mamíferos.

Es una fuente rica en proteínas, calcio y vitaminas, y es uno de los alimentos más completos disponibles en la naturaleza.

La leche contiene proteínas esenciales, como la caseína y la whey, que son importantes para el crecimiento y la reparación de los músculos.

Además, es una excelente fuente de

calcio, que es esencial para la salud de los huesos y dientes.

La leche también es rica en vitaminas A, D y B12, que son importantes para la salud ocular, la producción de sangre y el sistema nervioso, respectivamente. Contiene vitaminas del grupo B y minerales como el magnesio y el fósforo.

Es una buena fuente de grasas saludables, incluidas las grasas saturadas y monoinsaturadas, que ayudan a mantener una dieta equilibrada y a prevenir enfermedades cardiovasculares.

Hay diferentes tipos de leche disponibles en el mercado, como leche entera, leche descremada y leche sin lactosa, para satisfacer las necesidades nutricionales y alimentarias de cada persona.

En conclusión, la leche es un alimento esencial para una dieta equilibrada y saludable.

Ofrece proteínas, calcio, vitaminas y grasas saludables que son esenciales para el crecimiento y la reparación de los músculos, la salud de los huesos y dientes, y la prevención de enfermedades.

Lentejas: Las lentejas son un alimento básico en muchas culturas y contienen una gran cantidad de nutrientes importantes.

Una porción de 100 gramos de lentejas contiene aproximadamente 230 calorías, 9 gramos de proteínas, 40 gramos de carbohidratos y 1 gramo de grasa.

Además, las lentejas son ricas en vitaminas y minerales esenciales como hierro, magnesio, fósforo y potasio. Contienen una gran cantidad de fibra soluble y insoluble, lo que puede ayudar a reducir los niveles de colesterol y controlar la diabetes.

Las lentejas también contienen antioxidantes como el ácido ascórbico y el ácido ascórbico, que pueden proteger contra enfermedades crónicas como el cáncer y las enfermedades cardíacas.

Tienen lecitina, un compuesto que puede mejorar la función cerebral y mantener la memoria a largo plazo.

En resumen, las lentejas son una excelente fuente de proteínas, vitaminas y minerales esenciales.

Su contenido de fibra, antioxidantes y compuestos saludables los hacen un alimento valioso para incluir en una dieta equilibrada y saludable.

Mandarina: Las mandarinas son una fruta cítrica pequeña y redonda con un sabor dulce y afrutado. Además de ser una deliciosa merienda, también son una fuente rica de nutrientes importantes para la salud.

Una porción de 100 gramos de mandarinas contiene aproximadamente 30 calorías, 1 gramo de proteínas, 8 gramos de carbohidratos y 0 gramos de grasa. Además, son ricas en vitaminas C, B1, B2 y B3, así como en minerales como el hierro, el calcio y el magnesio.

Las mandarinas también son una buena fuente de antioxidantes, incluyendo carotenoides y compuestos fenólicos, que ayudan a proteger contra enfermedades crónicas y mejoran la salud del corazón.

Su alto contenido de fibra dietética puede ayudar a mantener una digestión saludable y controlar el apetito.

La naranja contiene los mismos beneficios.

Mango: El mango es una fruta tropical con un sabor dulce y suave que se ha vuelto muy popular en todo el mundo.

Además de ser una deliciosa merienda, también es una fuente rica de nutrientes importantes para la salud.

Una porción de 100 gramos de mango contiene aproximadamente 60 calorías, 1 gramo de proteínas, 15 gramos de carbohidratos y 0 gramos de grasa.

Es rico en vitaminas A, C y B6, así como en minerales como el calcio, el hierro y el magnesio.

El mango también es una buena fuente de antioxidantes, incluyendo carotenoides y compuestos fenólicos, que ayudan a proteger contra enfermedades crónicas y mejoran la salud del corazón.

Su alto contenido de fibra dietética puede ayudar a mantener una digestión saludable y controlar el apetito.

Manzana: La manzana es una fruta rica en nutrientes esenciales para nuestro cuerpo.

Contiene vitaminas A, C y E, así como también minerales como el hierro, calcio y fósforo. Es una fuente importante de fibra, que ayuda a mejorar la digestión y a controlar los niveles de azúcar en la sangre.

La manzana también es conocida por su alto contenido de antioxidantes, como la quercetina y el ácido ascórbico, que ayudan a proteger las células del daño celular y a prevenir enfermedades crónicas como enfermedades cardiovasculares y cáncer.

La manzana contiene compuestos antiinflamatorios y anti bacterianos que pueden ayudar a mejorar la salud del sistema inmunológico y a prevenir infecciones.

Maíz: El maíz es una fuente rica en nutrientes que contiene una variedad de sustancias importantes para la salud.

Entre ellas se encuentran los carbohidratos complejos, que proporcionan energía a largo plazo.

El maíz es una fuente de proteínas de alta calidad, vitaminas y minerales esenciales, como el hierro, el magnesio y el selenio.

El maíz también es una fuente de antioxidantes, incluyendo la vitamina C y el betacaroteno, que ayudan a proteger las células del daño celular y reducen el riesgo de enfermedades crónicas. Contiene almidones resistentes, que actúan como fibra soluble y ayudan a regular el azúcar en sangre y a mejorar la digestión.

En cuanto a grasas, el maíz contiene grasas saludables como el ácido oleico y el ácido linoléico, que son importantes para la salud cardíaca y la reducción del colesterol.

Es una fuente de fitoquímicos, como las antocianinas y las carotenoides, que tienen propiedades antiinflamatorias y antioxidantes.

Miel: La miel es un alimento natural rico en vitaminas, minerales y antioxidantes.

Contiene vitaminas B1, B2, B6, C y ácido fólico, así como minerales como calcio, magnesio, potasio y hierro.

La miel contiene antioxidantes como la vitamina C y compuestos flavonoides que ayudan a proteger las células del cuerpo de los daños causados por los radicales libres.

La miel también es una fuente importante de energía, ya que contiene azúcares simples, como la fructosa y la glucosa, que se digieren y absorben rápidamente por el cuerpo.

Es una alternativa más saludable a los azúcares refinados, ya que no contiene aditivos o conservantes artificiales.

Sin embargo, es importante tener en cuenta que la miel no es adecuada para los niños menores de un año, ya que puede contener esporas de una bacteria que puede causar botulismo en los bebés. Además, la miel también contiene un alto nivel de azúcares, por lo que debe consumirse con moderación como parte de una dieta equilibrada.

Melón: El melón es una fruta rica en nutrientes y con una gran cantidad de agua, lo que lo hace una opción ideal para mantenerse hidratado.

Contiene una gran cantidad de

vitaminas, como la vitamina C, que ayuda al cuerpo a combatir las enfermedades y mejora el sistema inmunológico. También contiene vitaminas B, como la vitamina B6, que ayuda en el proceso de metabolismo de proteínas y grasas.

El melón es una fuente de minerales, como el potasio, que es esencial para mantener un equilibrio adecuado de líquidos en el cuerpo y regular la presión arterial. Contiene antioxidantes, como el betacaroteno, que ayuda a proteger las células del daño celular y a prevenir enfermedades.

En resumen, el melón es una fruta saludable y deliciosa que ofrece una gran cantidad de nutrientes esenciales para el cuerpo. Incorporar melones en su dieta regular puede ayudar a mejorar su salud y bienestar general.

Melocotón: El melocotón es una fruta dulce y suculenta que es rica en nutrientes esenciales para la salud. Contiene una gran cantidad de vitamina C, lo que lo hace ideal para mantener un sistema inmunológico fuerte.

Contiene vitamina A, que es importante para la salud ocular y la piel, así como para el crecimiento y la reparación de los tejidos. Los melocotones contienen antioxidantes que ayudan a proteger contra los daños causados por los radicales libres y reducir el riesgo de enfermedades crónicas.

Los melocotones contienen fibra dietética, que es importante para mantener un sistema digestivo saludable. La fibra también ayuda a regular los niveles de azúcar en la sangre y a mantener una sensación de saciedad, lo que lo hace ideal para las personas que intentan controlar su peso.

Los melocotones tienen potasio, que es importante para mantener una presión arterial saludable y un equilibrio de líquidos en el cuerpo.

Mantequilla: La mantequilla es un

producto lácteo obtenido a partir de la crema de la leche.

Contiene una amplia variedad de nutrientes esenciales para el cuerpo, incluyendo proteínas, grasas saturadas y insaturadas, vitaminas y minerales.

Entre las proteínas, la mantequilla contiene caseína y lactoglobulina, que son importantes para el crecimiento y la reparación de los tejidos.

Además, es una fuente rica en grasas saturadas, que son necesarias para mantener la salud del corazón y el cerebro.

La mantequilla también es una buena fuente de vitaminas liposolubles A, D, E y K.

La vitamina A es importante para la salud de la piel y la visión, mientras que la vitamina D ayuda a mantener los huesos fuertes.

La vitamina E es un poderoso

antioxidantes que ayuda a proteger las células del daño causado por los radicales libres, y la vitamina K es necesaria para la coagulación de la sangre.

La mantequilla contiene minerales como el calcio, el magnesio y el fósforo, que son importantes para la salud ósea y dental. Sin embargo, es importante tener en cuenta que la mantequilla también es una fuente de grasas saturadas, por lo que se recomienda consumirla con moderación como parte de una dieta equilibrada.

Moras: Las moras son una fruta rica en nutrientes, contienen antioxidantes, como la vitamina C y la vitamina E, que ayudan a proteger el cuerpo contra el daño celular y el envejecimiento prematuro.

Las moras contienen compuestos polifenólicos y antocianinas, que son responsables de su color rojo intenso y tienen propiedades antiinflamatorias y anticancerígenas.

Las moras también son una buena fuente de fibra dietética, lo que ayuda a mejorar la digestión y a controlar los niveles de azúcar en sangre.

Contienen pequeñas cantidades de hierro, calcio y magnesio, que son importantes para la salud ósea y cardiovascular.

Ostras: Las ostras son un alimento rico en nutrientes y son una fuente importante de proteínas, hierro, zinc y vitaminas B12.
Contienen omega-3, ácido fólico y selenio.

Las ostras también son una excelente fuente de minerales, incluyendo calcio, magnesio y fósforo.

La presencia de calcio en las ostras es importante para la salud ósea y dental.

También son ricas en antioxidantes, que ayudan a proteger el cuerpo contra el daño celular y reducir el riesgo de enfermedades crónicas.

Son bajas en grasas y contienen una cantidad significativa de proteínas, lo que las hace un alimento saludable para aquellos que buscan controlar su ingesta de calorías.

En resumen, las ostras son un alimento versátil y nutritivo que puede mejorar la salud en muchos aspectos, desde la fortaleza ósea hasta la protección contra enfermedades.

Patata: Las patatas son un alimento básico en la dieta humana y contienen una gran cantidad de nutrientes esenciales. Son una excelente fuente de carbohidratos complejos, vitaminas y minerales.

Entre las vitaminas que se encuentran en las patatas, destacan la vitamina C y la vitamina B6, que son importantes para el sistema inmunológico y la formación de glóbulos rojos, respectivamente.

Además, contienen potasio, magnesio y hierro, que son necesarios para mantener una buena salud cardiovascular y musculoesquelética.

Las patatas contienen antioxidantes como la vitamina C y compuestos fenólicos que ayudan a prevenir el daño celular y reducir el riesgo de enfermedades crónicas como el cáncer y las enfermedades cardiovasculares.

También contienen una pequeña cantidad de proteínas y grasas saludables.

Es importante tener en cuenta que el método de cocción y la preparación de las patatas puede afectar su valor nutricional. Por ejemplo, freír las patatas puede aumentar su contenido calórico y reducir la cantidad de antioxidantes y vitaminas.

Es recomendable cocinar las patatas de manera saludable, como al horno o al vapor, para aprovechar al máximo sus nutrientes.

Pepino: El pepino es un vegetal fresco y nutritivo que contiene una serie de sustancias importantes para la salud.

Es rico en agua, lo que lo hace una buena opción para mantenerse hidratado, además contiene vitaminas como la vitamina C y la vitamina K. También contiene minerales como el potasio y el magnesio, que son importantes para la salud cardiovascular y para mantener una buena salud ósea.

El pepino es una buena fuente de antioxidantes, especialmente el pigmento verde conocido como clorofila.

Los antioxidantes ayudan a proteger las células del daño causado por los radicales libres, lo que puede prevenir enfermedades crónicas como enfermedades cardiovasculares y cáncer.

El pepino también contiene fibra soluble, que puede ayudar a controlar los niveles de azúcar en la sangre y a reducir el colesterol. La fibra también puede ayudar a regular el tránsito intestinal y a mantener un peso saludable.

En resumen, el pepino es un alimento saludable y versátil que ofrece una gran cantidad de beneficios importantes para la salud. Incorporarlo regularmente en la dieta puede ayudar a mejorar la salud y prevenir enfermedades a largo plazo.

Pera: La pera es una fruta baja en calorías y rica en nutrientes esenciales. Contiene vitamina C, fibra, potasio y ácido fólico.

Contiene antioxidantes, como la vitamina A y la vitamina E, que ayudan a proteger el cuerpo de los daños causados por los radicales libres.

La pera también contiene compuestos antiinflamatorios que pueden ayudar a reducir el riesgo de enfermedades crónicas, como la diabetes y enfermedades cardíacas.

La fibra soluble en la pera ayuda a regular la digestión y a reducir los niveles de colesterol en sangre.

En resumen, la pera es un alimento

saludable y delicioso que ofrece una amplia variedad de beneficios nutricionales.

Perejil: El perejil es una hierba conocida por su aroma fuerte y sabor picante. Además de ser un ingrediente culinario popular, también es rico en nutrientes esenciales para la salud.

Una de las sustancias más importantes que se encuentran en el perejil es la vitamina C, un antioxidante que ayuda a proteger el cuerpo de los daños causados por los radicales libres.

El perejil también contiene ácido fólico, una vitamina B que es importante para el desarrollo y la función de los glóbulos rojos en la sangre.

Es una buena fuente de hierro, calcio y magnesio, lo que lo hace ideal para aquellos que buscan una dieta saludable y equilibrada. Contiene pequeñas cantidades de potasio, vitamina A y vitamina K. Gracias a estos nutrientes, el perejil puede tener un impacto positivo en la salud cardiovascular, la salud ósea y la función inmunológica.

Pimiento: El pimiento es un vegetal rico en nutrientes y con un bajo contenido de calorías. Contiene vitaminas A y C, además de minerales como hierro y magnesio.

La vitamina A es esencial para la salud de la piel y los ojos, mientras que la vitamina C es un potente antioxidantes y contribuye a un sistema inmunológico saludable.

El pimiento también contiene compuestos antiinflamatorios, como el ácido ascórbico, que pueden ayudar a prevenir enfermedades crónicas como la diabetes y las enfermedades cardiovasculares.

Es una buena fuente de fibra, lo que puede ayudar a regular el tránsito intestinal y prevenir problemas digestivos.

En cuanto a la composición nutricional, los pimientos rojos son los más ricos en vitamina C, con más del doble de la cantidad que se encuentra en los pimientos verdes.

Los pimientos rojos también contienen un pigmento llamado licopeno, que se ha relacionado con una reducción en el riesgo de cáncer y enfermedades del corazón.

Pistachos: Los pistachos son una fruta seca rica en nutrientes esenciales para la salud humana.

Contienen una combinación de proteínas, grasas saludables, vitaminas y minerales. Algunas de las sustancias que contienen los pistachos incluyen:

Proteínas: Los pistachos son una fuente importante de proteínas, que son esenciales para el crecimiento y reparación de los tejidos corporales.

Grasas saludables: Los pistachos son una fuente de grasas monoinsaturadas y poliinsaturadas, que son conocidas por mejorar los niveles de colesterol y proteger el corazón.

Vitaminas: Los pistachos contienen vitaminas B y E, que son esenciales para mantener una buena salud. La vitamina E es un poderoso antioxidantes que protege a las células del daño causado por los radicales libres.

Minerales: Los pistachos son una fuente de minerales como el magnesio, el hierro, el fósforo y el calcio, que son esenciales para el buen funcionamiento del cuerpo.

Antioxidantes: Los pistachos contienen antioxidantes que protegen a las células del daño causado por los radicales libres y reducen el riesgo de enfermedades crónicas como enfermedades cardíacas y cáncer.

Piña: La piña es una fruta tropical que contiene una gran cantidad de nutrientes y sustancias que son importantes para la salud.

Esta fruta es una buena fuente de vitamina C, que es un antioxidantes y es importante para el sistema inmunológico. También contiene vitamina B1, B6, y ácido fólico.

La piña es rica en minerales como el hierro, magnesio, y fósforo.

La piña también contiene una enzima llamada bromelina, que ayuda en la digestión de proteínas y puede ayudar a aliviar la inflamación en el cuerpo.

Contiene antioxidantes naturales que protegen las células del cuerpo de los daños causados por los radicales libres.

También es una buena fuente de fibra, lo que ayuda a regular el sistema digestivo y a reducir el colesterol.

Plátano: El plátano es un alimento rico en vitaminas, minerales y carbohidratos.

Contiene vitaminas A, B6 y C, así como minerales como el magnesio y el potasio.

Los carbohidratos en el plátano proporcionan energía y fibra al cuerpo. También contiene antioxidantes y compuestos antiinflamatorios que pueden ayudar a prevenir enfermedades.

Otras sustancias importantes en el plátano incluyen ácido fólico, hierro y proteínas. El ácido fólico es importante para el desarrollo celular y la producción de glóbulos rojos, mientras que el hierro ayuda a transportar oxígeno a través del cuerpo. La proteína es esencial para el crecimiento y reparación de tejidos.

Contiene compuestos que pueden mejorar la salud intestinal, incluyendo prebióticos y almidón resistente. Estos compuestos pueden ayudar a estimular el crecimiento de bacterias buenas en el intestino y mejorar la digestión.

Puerros: Los puerros son una verdura de raíz que contiene una gran cantidad de nutrientes esenciales para la salud humana.

Algunas de las sustancias más importantes que se encuentran en los puerros son el hierro, el calcio, el magnesio, el fósforo, el potasio y la vitamina C.

Los puerros también contienen una gran cantidad de antioxidantes y fibra, que ayudan a mantener una buena salud cardiovascular y digestiva.

Por su bajo contenido de calorías y su alto contenido de nutrientes, los puerros son una excelente opción para aquellas personas que quieren mantener un estilo de vida saludable y equilibrado.

Los puerros también contienen un compuesto llamado alicina, que es conocido por sus propiedades antiinflamatorias y antibacterianas. La alicina se ha demostrado que puede ayudar a prevenir enfermedades cardiovasculares, cáncer y otras enfermedades.

En conclusión, los puerros son una verdura versátil y saludable que ofrece una amplia gama de nutrientes y beneficios.

Se pueden consumir crudos o cocidos y se pueden añadir a una gran variedad de platos para aumentar su valor nutricional. Por lo tanto, los puerros son una excelente adición a cualquier dieta equilibrada y saludable.

Queso: El queso es un alimento derivado de la leche, que se produce a partir de la coagulación de la proteína láctea, la caseína. Además de la caseína, el queso contiene grasas, proteínas, calcio y vitaminas B y D.

La cantidad y proporción de estos componentes varía dependiendo del tipo de queso, siendo los quesos curados y añejos ricos en grasas y calcio, mientras que los quesos frescos tienen un contenido más alto de proteínas y vitaminas B.

El queso también puede contener bacterias y hongos, dependiendo del tipo y proceso de elaboración. Estos componentes aportan sabor y textura al queso, y en algunos casos también pueden aportar probióticos que ayudan a la digestión.

Quinoa: La quinoa es un cereal originario de Sudamérica y es considerado uno de los alimentos más completos y saludables que existen. Es rico en proteínas, vitaminas, minerales y fibra, lo que lo hace un alimento muy versátil y adecuado para una dieta saludable.

Entre las sustancias que contiene la quinoa se encuentran proteínas de alta calidad, esenciales para el crecimiento y mantenimiento de los tejidos del cuerpo. También contiene vitaminas del grupo B, como la tiamina, la riboflavina y la niacina, que son necesarias para el correcto funcionamiento del sistema nervioso y para la producción de energía.

La quinoa es una fuente rica en minerales, como el hierro, el magnesio, el manganeso y el calcio, que son esenciales para mantener la salud ósea y para el correcto funcionamiento del sistema cardiovascular.

Contiene antioxidantes, como el ácido ascórbico y el ácido alfa-tocoferol, que ayudan a prevenir el daño celular y a proteger el cuerpo contra enfermedades.

Es rica en fibra, lo que la hace una buena opción para aquellos que buscan mantener una digestión saludable. La fibra también ayuda a reducir el colesterol y a controlar el azúcar en sangre.

Rúcula: La rucula es una verdura de hoja verde con un sabor fuerte y picante. Es conocida por ser una fuente de vitaminas y minerales importantes para la salud.

La rucula contiene una gran cantidad de vitamina K, que es esencial para la coagulación de la sangre y la salud ósea. Es una fuente importante de vitaminas A y C, así como de minerales como el hierro, el calcio y el magnesio.

Además de las vitaminas y minerales, la rucula también contiene antioxidantes, incluyendo ácido ascórbico y alfa-tocoferol. Estos antioxidantes ayudan a proteger las células del daño oxidativo, lo que puede reducir el riesgo de enfermedades crónicas como enfermedades cardiovasculares y ciertos tipos de cáncer.

La rucula también contiene compuestos vegetales conocidos como glucosinolatos, que tienen propiedades antiinflamatorias y antioxidantes.

Contiene ácido fólico, una vitamina importante para la salud de las mujeres embarazadas.

Rábano: El rábano es una hortaliza versátil y saludable que contiene una serie de nutrientes importantes.

Es bajo en calorías, con solo 19 calorías por 100 gramos, y rico en vitaminas y minerales.

Uno de los nutrientes más destacados del rábano es la vitamina C. 100 gramos de rábano proporcionan el 44% de la ingesta diaria recomendada de esta vitamina.

La vitamina C es importante para

mantener un sistema inmunológico fuerte y para prevenir la oxidación celular.

El rábano también es una buena fuente de potasio, con un contenido de 325 mg por 100 gramos.

El potasio es un mineral importante que ayuda a controlar la presión arterial y mantiene el equilibrio de líquidos en el cuerpo. Además, el rábano contiene pequeñas cantidades de hierro, calcio y fósforo.

Además de sus propiedades nutricionales, el rábano también contiene compuestos que pueden ser útiles para mejorar la digestión y reducir la inflamación. Por ejemplo, el rábano contiene compuestos sulfúricos que pueden ayudar a reducir la acidez estomacal y mejorar la digestión.

Repollo: El repollo es una hortaliza que ofrece una amplia gama de nutrientes importantes.

Con solo 25 calorías por cada 100

gramos, el repollo es una opción baja en calorías y rica en nutrientes.

El repollo es una buena fuente de vitamina C, con un contenido de 54 mg por 100 gramos. La vitamina C es un nutriente importante que ayuda a fortalecer el sistema inmunológico y a prevenir la oxidación celular.

Es rico en vitaminas del grupo B, como la vitamina B6 y la niacina.

El repollo también es una fuente importante de fibra dietética, con 2 gramos por cada 100 gramos. La fibra dietética es importante para mantener una digestión saludable y para controlar el apetito.

Contiene compuestos antiinflamatorios y antioxidantes. Por ejemplo, el repollo contiene compuestos conocidos como indoles y isotiocianatos, que han demostrado tener propiedades antiinflamatorias y antioxidantes.

Remolacha: La remolacha es un

vegetal con una amplia gama de nutrientes importantes.

Con solo 43 calorías por cada 100 gramos, la remolacha es una opción baja en calorías y rica en nutrientes.

Una de las sustancias más importantes en la remolacha es el hierro. La remolacha es una buena fuente de hierro, con 1,8 mg por cada 100 gramos. El hierro es importante para mantener una buena salud, ya que ayuda a transportar el oxígeno en la sangre y a mantener un sistema inmunológico fuerte.

La remolacha es una fuente importante de ácido fólico, con 117 mcg por cada 100 gramos. El ácido fólico es importante para la salud del cerebro y el sistema nervioso, y también es esencial durante el embarazo.

La remolacha también es rica en antioxidantes, como la vitamina C y el betalaino. Estos compuestos pueden ayudar a proteger las células del daño oxidativo y a prevenir enfermedades crónicas como la enfermedad cardíaca y el cáncer.

Salmón: El salmón es un pescado que ofrece una amplia gama de nutrientes importantes.

Con solo 208 calorías por cada 100 gramos, el salmón es una opción baja en calorías y rica en nutrientes.

El salmón es una fuente importante de proteínas de alta calidad, con 20 gramos por cada 100 gramos. Las proteínas son importantes para mantener la masa muscular y para reparar los tejidos dañados.

Rico en ácidos grasos omega-3, con 2,3 gramos por cada 100 gramos. Los ácidos grasos omega-3 son importantes para la salud del cerebro y el corazón, y también ayudan a reducir la inflamación en el cuerpo.

El salmón también es una buena fuente de vitaminas B, como la vitamina B12 y la niacina. Estas vitaminas son importantes para mantener una buena salud del sistema nervioso y para mantener una buena función cognitiva.

En resumen, el salmón es un pescado que ofrece una amplia gama de nutrientes importantes, incluyendo proteínas de alta calidad, ácidos grasos omega-3, vitaminas B y minerales como el hierro y el selenio. Con su bajo contenido calórico y su alto contenido de nutrientes, el salmón es una opción saludable y deliciosa para aquellos que buscan mejorar su salud.

Sardinas: Las sardinas son un pescado pequeño que ofrecen una gran cantidad de nutrientes importantes. Con solo 185 calorías por cada 100 gramos, las sardinas son una opción baja en calorías y rica en nutrientes.

Las sardinas son una fuente importante de proteínas de alta calidad, con 20 gramos por cada 100 gramos. Las proteínas son importantes para mantener la masa muscular y para reparar los tejidos dañados.

Además, las sardinas son ricas en

ácidos grasos omega-3, con 1,8 gramos por cada 100 gramos. Los ácidos grasos omega-3 son importantes para la salud del cerebro y el corazón, y también ayudan a reducir la inflamación en el cuerpo.

Son una buena fuente de vitamina D, con 9 mcg por cada 100 gramos. La vitamina D es importante para la absorción de calcio y para mantener huesos fuertes y saludables.

Soja: La soja es una legumbre versátil y rica en nutrientes que se ha convertido en un alimento básico en muchas dietas vegetarianas y veganas. Con solo 130 calorías por cada 100 gramos, la soja es una opción baja en calorías y rica en nutrientes.

La soja es una fuente importante de proteínas de alta calidad, con 36 gramos por cada 100 gramos. Las proteínas son importantes para mantener la masa muscular y para reparar los tejidos dañados.

Las proteínas de la soja son completas, lo que significa que contienen todos los aminoácidos esenciales que el cuerpo necesita para funcionar adecuadamente.

La soja también es una buena fuente de grasas saludables, con 4,5 gramos por cada 100 gramos. Las grasas saludables, incluyendo ácidos grasos poliinsaturados y monoinsaturados, son importantes para la salud del corazón y para mantener una buena salud cardiovascular.

Es una buena fuente de vitaminas y minerales, incluyendo hierro, calcio, magnesio y vitamina B. Estos nutrientes son importantes para mantener una buena salud en general y para mantener una buena función cognitiva.

Tomate: El tomate es un vegetal versátil y rico en nutrientes que se encuentra en muchas dietas alrededor del mundo. Con solo 18 calorías por cada 100 gramos, el tomate es una opción baja en calorías y rica en nutrientes.

El tomate es una buena fuente de vitaminas y minerales, incluyendo vitamina C, vitamina K, potasio y licopeno. La vitamina C es importante para mantener un sistema inmunológico fuerte y para la formación de colágeno. La vitamina K es importante para la coagulación de la sangre y para mantener huesos fuertes y saludables.

El licopeno es un pigmento natural que se encuentra en el tomate y es conocido por sus propiedades antioxidantes. Los antioxidantes son importantes para proteger las células del cuerpo de los daños causados por los radicales libres.

El tomate es una buena fuente de fibra soluble, lo que puede ayudar a mantener una digestión saludable y a regular los niveles de azúcar en la sangre.

En resumen, el tomate es un vegetal versátil y rico en nutrientes, incluyendo vitamina C, vitamina K, potasio, licopeno y fibra.

Con su bajo contenido calórico y su alto contenido de nutrientes, el tomate es una opción saludable y deliciosa para aquellos que buscan mejorar su salud.

Trigo: El trigo es un cereal que se ha cultivado y utilizado como alimento básico durante siglos.

Es una de las principales fuentes de alimento en todo el mundo y se puede encontrar en muchos alimentos diferentes, incluyendo panes, pasta, galletas y pasteles.

El trigo es una buena fuente de carbohidratos complejos, que proporcionan energía y mantienen los niveles de azúcar en la sangre estables. También es una fuente importante de proteínas, con un contenido de aproximadamente 12 gramos por cada 100 gramos de trigo.

El trigo es una fuente rica de vitaminas y minerales, incluyendo hierro, fósforo, vitaminas B y fibra. El hierro es importante para mantener una buena salud y para prevenir la anemia. El fósforo es importante para la salud de los huesos y los dientes.

Sin embargo, algunas personas pueden ser intolerantes a la proteína gluten que se encuentra en el trigo, lo que puede causar síntomas como hinchazón, diarrea y fatiga. Para estas personas, es importante buscar alternativas sin gluten a los alimentos a base de trigo.

En resumen, el trigo es un cereal versátil y rico en nutrientes, incluyendo carbohidratos complejos, proteínas, vitaminas y minerales. Con su alto contenido de nutrientes, el trigo es una opción importante para aquellos que buscan mejorar su salud y mantener una dieta equilibrada.

Trufa: La trufa es un hongo subterráneo raro y costoso que se cultiva y se recolecta en Europa y Asia.

Se considera un manjar culinario y se utiliza en muchos platos gourmet para agregar sabor y aroma únicos.

Aunque la trufa es conocida por su sabor y aroma intensos, también es una fuente importante de nutrientes.

Contiene proteínas, grasas y carbohidratos, así como vitaminas y minerales esenciales, como hierro y calcio.

La trufa es una buena fuente de antioxidantes, que protegen las células del cuerpo de los daños causados por los radicales libres.

También se ha demostrado que la trufa tiene propiedades antiinflamatorias, lo que puede ayudar a aliviar el dolor y la inflamación.

Sin embargo, debido a su costo elevado, la trufa no es un alimento común en la mayoría de las dietas. Además, debido a su sabor y aroma intensos, no es adecuado para todos los paladares.

Es un hongo subterráneo raro y costoso que se utiliza en muchos platos gourmet. Aunque es conocida por su sabor y aroma intensos, también es una fuente importante de nutrientes, incluyendo proteínas, grasas, carbohidratos, vitaminas y minerales esenciales, así como antioxidantes y propiedades antiinflamatorias. Sin embargo, debido a su costo elevado, no es un alimento común en la mayoría de las dietas.

Uva: La uva es una fruta versátil y popular que se cultiva en todo el mundo. Es una fuente rica de nutrientes esenciales, como vitaminas, minerales, antioxidantes y fibra.

Una porción de uvas contiene una buena cantidad de vitamina C, lo que ayuda a fortalecer el sistema inmunológico y a proteger las células del cuerpo de los daños causados por los radicales libres. También contiene vitamina K, que es importante para la coagulación de la sangre y la salud ósea.

La uva es una fuente de antioxidantes, como el resveratrol, que se ha demostrado que ayuda a proteger el corazón y a prevenir enfermedades crónicas.

También contienen polifenoles, que tienen propiedades antiinflamatorias y pueden ayudar a mejorar la salud cardiovascular.

La uva también es una buena fuente de fibra, que ayuda a mejorar la digestión y a regular el apetito.

Es baja en calorías y rica en agua, lo que la hace una excelente opción para aquellos que quieren controlar su peso.

Vinagre: El vinagre es un producto acético obtenido a partir de la fermentación de productos alcohólicos, como vino, sidra o cerveza.

Se utiliza comúnmente como aderezo para ensaladas, condimento para cocinar y como limpiador natural en el hogar.

El vinagre contiene ácido acético, que es el compuesto principal responsable de su sabor ácido.

Contiene pequeñas cantidades de antioxidantes, como la vitamina C, vitamina E y ácido ascórbico.

El vinagre también se ha demostrado

que tiene propiedades antimicrobianas y antivirales, lo que lo hace eficaz para combatir enfermedades infecciosas.

También puede ayudar a regular la presión arterial y a mejorar la salud del corazón.

Además, el vinagre es una ayuda dietética para aquellos que desean perder peso. Se ha demostrado que puede ayudar a controlar los niveles de azúcar en sangre y a reducir la cantidad de calorías consumidas en una comida.

Es un producto versátil que se utiliza comúnmente en la cocina y el hogar.

Contiene ácido acético, antioxidantes y tiene propiedades antimicrobianas y antivirales.

Puede ayudar a regular la presión arterial, mejorar la salud del corazón y ser una ayuda dietética para aquellos que desean perder peso.

Vino: El vino es una bebida alcohólica elaborada a partir de la fermentación del mosto de uvas. Hay muchos tipos de vino, cada uno con su propio conjunto único de nutrientes y compuestos.

El vino contiene alcohol, que es el compuesto principal responsable de su sabor y efecto intoxicante.

Contiene antioxidantes, como los polifenoles, que ayudan a prevenir el daño celular y mejoran la salud del corazón.

El vino también es rico en vitaminas, como la vitamina C y la vitamina B6, así como en minerales como el hierro, calcio y magnesio. Estos nutrientes ayudan a mantener el cuerpo en buen estado de salud y prevenir enfermedades.

Sin embargo, es importante tener en cuenta que el exceso de consumo de vino puede ser perjudicial para la salud.

El alcohol es tóxico para el hígado y puede aumentar el riesgo de enfermedades cardiovasculares y trastornos neurológicos.

Yogur: El yogur es un producto lácteo fermentado que se obtiene a partir de la fermentación de la leche.

Es un alimento rico en proteínas, grasas y carbohidratos, y es conocido por sus propiedades saludables.

El yogur contiene probióticos, que son bacterias buenas que ayudan a mantener un equilibrio saludable en el sistema digestivo.

También contiene calcio, que es esencial para la salud ósea, y vitamina B12, que es importante para la producción de glóbulos rojos.

El yogur es rico en proteínas, que son esenciales para la construcción y reparación de los tejidos corporales. También contiene grasas saludables, que son necesarias para mantener un corazón saludable y para regular los niveles de colesterol en la sangre.

Sin embargo, es importante tener en cuenta que algunos tipos de yogur contienen grandes cantidades de azúcares añadidos y aditivos artificiales, por lo que es importante leer las etiquetas antes de elegir un producto.

En resumen, el yogur es un producto lácteo fermentado que es rico en proteínas, grasas y carbohidratos, y también contiene probióticos, calcio y vitamina B12. Es importante elegir productos de yogur bajos en azúcares añadidos y sin aditivos artificiales para obtener los mejores resultados para la salud.

Zanahoria: La zanahoria es una verdura versátil y de sabor dulce que es una excelente fuente de nutrientes esenciales para el cuerpo. Es rica en vitaminas, minerales y antioxidantes, y es conocida por sus muchos beneficios médicos y para la salud.

Es una excelente fuente de vitamina A,

que es esencial para la salud de la piel, la visión y el sistema inmunológico. También contiene vitamina C, que es importante para la producción de colágeno y la defensa contra los radicales libres.

Además, la zanahoria es rica en minerales como el calcio, el magnesio y el hierro, que son esenciales para la salud ósea, la función muscular y la producción de glóbulos rojos.

Contiene antioxidantes, que ayudan a proteger el cuerpo contra el daño celular y el envejecimiento prematuro.

Es baja en calorías y rica en fibra, lo que la convierte en un alimento ideal para aquellos que tratan de perder peso o mantener un estilo de vida saludable.

La zanahoria es una verdura versátil y de sabor dulce que es una excelente fuente de nutrientes esenciales para el cuerpo.

Es rica en vitaminas, minerales y

antioxidantes, y es conocida por sus muchos descubrimientos médicos y para la salud.

Se recomienda incluir zanahorias en una dieta equilibrada para obtener los mejores resultados para la salud.